ブックレット《アジアを学ぼう》51

白石奈津子

出稼ぎ国家フィリピンと残された家族

不在がもたらす民族の共在

出稼ぎ国家フィリピンと残された家族――不在がもたらす民族の共在

白石奈津子

はじめに――出稼ぎ国家フィリピンにおける一〇パーセントの不在

一〇パーセント。

この数字が、フィリピンという国家で何を意味しているか、お分かりだろうか。

これは、フィリピンの全人口の内、移民(1)として海外に流出している人々の割合であり、同時に、同国のGDPにおいて、出稼ぎ者からの送金が占める割合を示す値でもある。この数字を目にし、どう思われるだろう。例えば、日本のGDPに海外からの送金がしめる割合は、たった〇・一パーセントである。他方、日本のGDPに占める割合が一〇パーセントに近いものと言えば、不動産業の生み出す付加価値分であり、これが、全体の約一一パーセントとなっている。次に、日本の人口の一〇パーセントというと、全人口一億二七〇〇万人に対して、東京都の人口が一三〇〇万人なので、これがおよそ一〇パーセントとなる。今日のフィリピンは、そうした規模で人口が国外に流出し、そして、その送金が国家、経済の重要な核を成す、まさに出稼ぎ国家ともいうべき状況の下で成り立っているのだ。

では、そうしてフィリピンから世界に渡った人々が、どこで、どういった職に就いているのかについては、どんなイメージをお持ちだろうか。現在すでに、人々の就労分野は建設労働や家事労働といった非熟練労働の現場から、医療、工学などの専門領域まで多岐にわたっており、その渡航先を見ても、北米やヨーロッパ、中東、東アジア、東南アジア等々と、幅広い。

日本国内でもすでに、在日フィリピン人の人口は、およそ二五万人（法務省在留外国人統計での二〇一六年時点データ）にも上っており、これは、中国、韓国の出身者に次いで、在留外国人の出身国別統計の第三位を占める。[2] また近年は、移民労働者による家事や介護労働分野への参入が注目を集めるのに伴って、そうした領域で多くの人材を輩出しているフィリピンからの移民に対する関心も高まっている。その存在は、私たちの日常においても、今後ますます身近なものになっていくことが予想されよう。

世界中の多くの国において、移民労働者としてのフィリピン人の姿は、日常生活に溶け込んだ存在となっている。二〇一三年のカンヌ国際映画祭で新人監督賞を受賞したシンガポール映画「イロイロ――ぬくもりの記憶」は、そうした移民メイドとして働くフィリピン人女性テレサと、彼女の雇用主家族の一人息子ジャールーとが、日々の交流を通して心を通わせていく様を描いた作品であり、そのストーリーは、監督であるアンソニー・チェン自身の、幼少期の思い出をもとに綴られている。この映画の中国語原題「爸媽不在家」は、「両親が家にいない」の意味だが、英題、邦題には、フィリピンの一地方都市名「Iloilo（イロイロ）」が用いられている。そこは、テレサの故郷であり、彼女が幼い息子と夫、家族を残してきた場所だ。

劇中にこんなシーンがある。ジャールーが、部屋にあった赤ん坊（テレサの息子）の写真を見て「彼はいくつ?」

と尋ねる。「一一か月」と答えるテレサ。それに対し、ジャールーは「そんな小さな子供を置いて働きに出ているの？」と驚くが、テレサは「あなたのお母さんだって同じようなものでしょう。ひとり息子を、赤の他人に預けている」と返す。この映画が描いているのは、移民のフィリピン人女性が、自身の故郷（イロイロ）に「ぬくもりの不在」をつくりだしながらシンガポール中流家庭の「両親の不在」に生み出す「ぬくもりの記憶」であり、これはまさに現代の人の移動と格差が連鎖するグローバリゼーションのひとつの構図を物語っている。

テレサのような国際移民の例に限らず、フィリピンでは、出産後の女性が子供を家族に預けてすぐに職場復帰することは、珍しいことではない。なぜならば、彼女たちが生きているのは「（能力、機会双方の意味において）働けるものが働き、働くことのできないものを支え合う」ことで経済的なリスクを回避する社会なのであり、ゆえに、海外出稼ぎのチャンスを手にした者は、その幸運と「つながり」をとおして、残された家族、親族を支えることを求められるからだ。

だが一方で、そうした海外への渡航を機に家族とのつながりを断ち、忽然と姿を消す人々もいる。移民たちをめぐっては、そんなつながりや、ぬくもり、不在の連鎖が生じているということを、まずはご理解いただきたい。

ここまで、出稼ぎ国家フィリピンの話を続けてきたが、本書は、移民となって働く人々そのものを扱ったものではない。本書の主役は、移民である彼らに「おいていかれた家族」たちであり、いわばこれは、移民たちの背後の物語である。それは国際的な人の移動というダイナミズムに後押しされてフィリピンの地方社会で生じている関係の変化であり、家族の不在という「穴」を埋め合わせようとして人々が紡ぐ、共在の物語である。

本書の構成は以下の通りである。

第一節、第二節では、まず「移民たちの背後」の世界のおおまかな全体像を提示する。ここでは、ウノという地方村落を舞台に、移民となる人々が旅立つまでの過程や、彼らの置かれた社会背景から、人々、特に家族という共同体における、移民の旅立ちの意味を見ていこう。第三節、第四節からは、少し視点を変え、残された家族と、彼らの家に住み込んでいる地域のマイノリティとの関係に焦点をあてていく。人々は、生活のサポートを得るため、また、家族に残されたことによる精神的な寂しさを解消するために、そうした人々を家や敷地内に招き入れるが、人々が極めて近い距離で共に過ごす時間は、彼らの間に親密な情と軋轢という、相反する感情を生じさせる。こうした移民現象による家族の不在の中、経済環境をはじめとした様々な都合によって、「共に暮らすこと」を余儀なくされた状況が人々にもたらす変化について考えてみることとしよう。

現在、フィリピンで起こっている様々な事象をとらえる際に、移民の流出という現象が与える影響を看過することはできない〔Pertierra 1995〕。なぜならば、どんな片田舎の、時には山奥に行っても、そこには、かつて外国で働いていた人々が暮らしており、送金によって建てられた家々が並んでいる〔清水 二〇一三〕。首都マニラでは、移民の送金投資によるコンドミニアムの建設ラッシュが景観を目まぐるしく変化させており、地方でも、移民からの送金は社会階層を転換し、儀礼の在り方までをも変えてしまう〔長坂 二〇〇九、二〇一三〕。グローバルな人の移動という世界規模で同調的に起こっている事柄が、ミクロな世界の在り方を、様々な形で変えていっているのである。

人と物の流動化というグローバル時代の、いわば最先端を生き、私たちにとっても身近な存在となりつつあるフィリピン人移民という人々。彼らの背後にいる家族の姿を知ることで、今日も世界の向こう側で起こっているかもしれない変化を想像してもらえれば幸いである。

一　旅立つ移民、残される家族——地方社会における移民とその家族

1　フィリピン国家と移民

移民となる人々とその家族のたどったエピソードに入る前に、改めて、出稼ぎ国家フィリピンにとっての移民労働者の位置づけについて、統計データなどからその概要を整理しよう。

冒頭で述べたように、工業などの確固たる産業基盤をもたないフィリピンにおいて、移民による海外送金は、GDPの内で相当の割合を占めており、それは重要な外貨獲得の手段として、国家戦略にも組み込まれてきた。フィリピンからの海外就労移民の流出については、一九六〇年代の、アメリカへの医療従事者の移住が盛んになった時代まで遡ってみることができるが、現在のような形、規模での移民送り出しが始まったのは、一九七〇年代のことである。オイルショックに起因する経済の停滞により失業率が悪化する中、中東の建設ラッシュによる労働需要に目を付けた当時のマルコス政権は、中東地域への男性建設労働者の送り出しを行うようになる。その後、中東の建設ラッシュが下火になり始めた七〇年代の半ばから八〇年代以降には、今度は、一部ヨーロッパ並びに、日本、香港、台湾、韓国、シンガポールなどのアジア諸国にむけた、家事労働者を中心とした女性の送り出しが活発化した。さらに、九〇年代からは、医療従事者や、テクノロジー産業の技術者など、熟練労働者の出国者数も大幅に増加していく。

フィリピンでは、現在も、フィリピン海外雇用庁（POEA: Philippine Overseas Employment Administration）といった国家機関が、海外の雇用市場における需要を調査し、その状況に合わせた資格訓練、認定事業を提供するなどして、移民の送り出し事業を支えている。他方、こうした政府の方針に対しては、国家による移民とその送金に対する過度の経済依

存の表れであり、また、国家全体がブローカーのように動いている、すなわち、フィリピンの「ブローカー国家化」であるといった批判も向けられている［Guevarra 2010、関 二〇一七］。

フィリピンでは、移民労働者は「Overseas Filipino Workers」、通称「ＯＦＷ」と呼ばれる。ふるさとを離れ、遠い異国での生活に耐えながらも懸命に働き、送金によって家族と国家を支える彼らは、「現代の英雄（Bagong Bayani）」ともてはやされ、免税など、様々な優遇措置を受けている。

さて、そのＯＦＷについて、もう少し具体的な数値を見てみよう。海外在住フィリピン人委員会（CFO: Commission on Filipinos Overseas）が公開している最新のデータ（二〇一三年時点）によると、現在、移住先の国で永住権を取得して暮らすフィリピン人移民の数は四八六万九七六六人、短期雇用契約による一時滞在移民が四二〇万七〇一八人、そして非正規もしくは、非合法な形で滞在している移民が一一六万一八三〇人と、合計一〇二三万八六一四人の人々が、海外で生活を送っている。渡航先としては、渡航先第一位のアメリカにおよそ三五〇万人、続くサウジアラビアに一〇〇万人、アラブ首長国連邦とマレーシアにそれぞれ八〇万人、カナダに七〇万人と続く。毎年の出国者数は、およそ二〇〇万人を維持しており、その渡航先としては、全体の八〇パーセントをアジア圏が占めている。そして、中でも特に、中東に向けた出国者数が群を抜いている。ちなみに、この統計における、二〇一三年時点の、日本へのフィリピン人移民の数は一八万人であり、移民の渡航先としては、第一三位に位置している。

写真１　空港の入口に並ぶ人々とその奥に見えるOFW専用レーン

1　旅立つ移民、残される家族

表1　フィリピン人移民渡航先上位一覧（2013年時点）

	国名	永住者	一時滞在移民	不法滞在移民	総計
1	アメリカ合衆国	3,135,293	129,383	271,000	3,535,676
2	サウジ・アラビア	264	948,038	80,500	1,028,802
3	アラブ首長国連邦	1,711	777,894	42,805	822,410
4	マレーシア	26,007	319,123	448,450	793,580
5	カナダ	626,668	89,615	5,295	721,578
6	オーストラリア	334,096	60,166	3,720	397,982
7	イタリア	89,742	127,814	54,390	271,946
8	イギリス	161,710	31,416	25,000	218,126
9	カタール	16	189,534	15,000	204,550
10	シンガポール	44,102	110,141	49,000	203,243
11	香港	13,251	182,843	5,000	201,094
12	クウェート	502	191,787	6,000	198,289
13	日本	163,532	12,475	6,910	182,917

出展：Commission on Filipinos Overseas

このように、フィリピンにおける移民の送り出し事業は、国家政策レベルで大規模に展開されており、多くのフィリピン人にとって、海外で働くということは、誰もが一度は当たり前のように考えてみるような、人生の選択肢として存在しているのだ。そしてそのことは、はじめにも述べたように、首都マニラから遠く離れた地方の村落においても変わらない。

2 「ノーチョイス」だから渡航する——アンナの場合

では次に、実際に人々が渡航を決断し、その結果、家族が「不在」の中に残されるにいたる過程を、ある地方村落に暮らす二人の女性のエピソードを中心に見ていくこととしよう。なお、以下のエピソードをはじめ、本書に登場する人名は、すべて仮名を用いている。

いつもと変わらない水曜日の朝。私が、世話になっていた家の軒先で一人コーヒーを飲んでいると、家で営むサリサリストア（小雑貨店）に、近所に住む少年、アリエル（一五歳）が買い物にきた。ちょうど、家の人は裏で洗濯をしていたため、私が代わりに応対に出る。何がいるのか尋ねると、彼は、インスタントの焼きそばを買いに来たという。彼が出した一〇ペソを見て、私は「（君が買いたいやつは）一二ペソだよ」と言った。アリエルは、そう、と素っ気なく返し、別のインスタント麺を購入した。つり銭を渡しながら「今日はどうして学校に行かないの」と聞くと、彼は「とりあえず休めって父さんが。４PsのＦＤＳがあるからって。トトイ（弟、小さい子供）の付き添いが誰もいないから。」と答え、家に帰って行った。

アリエルの母アンナは、サウジアラビアに家事労働者として渡航している。この会話に出てきた４Ps（＝Pantawid Pamilyang Pilipino Program）というのは、フィリピンの貧困層向け現金給付プログラムであるが、その受給対象となっている世帯は、毎月開催されるＦＤＳ（Family Development Session）と呼ばれる講習会に参加することを義務付けられている。欠席した場合、受給額を減らされる仕組みになっているため、受給世帯にとって、参加は死活問題なのだ。そのため、不在の母の代わりに、父が講習会に参加し、その代わりに、長男であるアリエルが、学校を休んで末の弟の面倒を見ているのだ。

アンナは、一五歳の長男アリエルを頭に、一三歳、一一歳、七歳、三歳、と五人の子供を持つ母である。夫のネストールは、身体に軽度の障害を抱えているため、両親から受け継いだ二五アールほどの小さな農地での軽い農作業以上の仕事を行うことは難しい。そのためアンナは、サウジアラビアに渡航する以前から、一家のほぼ唯一の稼ぎ手として、近隣の家々の洗濯婦や、使い走りをして生活に必要な現金を賄っていた。洗濯の仕事でもらえる給与はせいぜい月額一五〇〇から二〇〇〇ペソ（一ペソはおよそ二・一円）。当時の一家の暮らしは、貧困層が大多数を占める集落全体から見ても、決して余裕があるものではなかった。

最終的にサウジアラビアに渡航したものの、アンナははじめ、シンガポールへの渡航を目指していた。そのことについて、私が初めて彼女から相談を受けたのは、二〇一五年の二月のことであった。シンガポールに行きたい、パスポート申請などのために金が必要なので、貸してくれないかと頼まれた。二〇〇〇ペソ。現地での生活感覚として、決して安い金額ではなかったものの、彼女たち一家の窮状はずっと目にしていたため、その旅立ちの助けになればと思い、二〇〇〇ペソを渡した。

アンナは小学校までしか学校教育を受けていない。そのため最低限の読み書きはできるものの、あまり自信があるわけではなく、例えば、4PsのFDSで作文を書いてくるような課題を出された場合には、大学を出ている近所の親戚に記入を依頼してやり過ごすような生活を送っていた。

シンガポール行きに向けた申請手続きを済ませ、しばらくしたころ、仲介エージェントから連絡が入った。現地の雇用主との間で、スカイプを用いた面接があるのだ。会話に必要な言語は、もちろん英語である。英会話にも自信のないアンナは、いつもの通り、近所の親戚のところへと相談に行った。聞かれることはおおむね決まっているだろう、答えることを事前に決めておけば問題ないはずだと言われて面接に挑んだものの、その後、エージェントからの連絡はなかった。

シンガポール行きが頓挫しかけて途方に暮れていたある日、近所の別の親戚が、渡航先のサウジアラビアから帰国した。アンナの事情を聞いたその女性は、サウジアラビアであれば英語力を問われないこと、事前に研修期間があるので言葉の心配はいらないこと、彼女自身もはじめは全く知らなかったアラビア語を今では使いこなすことができるようになったことなどを、話して聞かせた。こうしてアンナは、望みの薄くなったシンガポール行きをあきらめ、サウジアラビア行きを目指すことにした。

経験者である親戚の仲介も功を奏してか、サウジアラビア行きの手続きはスムーズに進んだようであった。

そんなある日の夕方、アンナから、またしても金を貸してくれと頼まれた。今度は五〇〇〇ペソ。「次の米の収穫があったら、必ず返すから」と強く言われた。何でも、マニラに行って、面接と健康診断を受ける必要があり、そのための交通費などが必要なのだという。そうは言われても、前回貸した金もまだ返してもらっていない。咄嗟には判断しかねたため、とにかく一度帰ってもらうこととし、住み込み先の家族に相談した。話を聞いた私のホスト・マザーは「普通そういった費用はエージェント側が払うし、健康診断にお金はかからないはずだけど」と怪訝そうな顔で言った。不安は募る一方である。ＯＦＷの渡航サポートのエージェントをかたる詐欺が横行しているという話は、集落内のうわさだけでなく、テレビのニュースなどでも度々耳にしていた。

数日後、ボストンバックを抱えたアンナが、改めて家にやってきた。心配だった私は、彼女に対し、関わっているエージェントは本当に大丈夫なのかと確認したが、アンナは「大丈夫だから」と言うばかりであった。不安を隠せない私に向かって、アンナは「もう行かなくてはならない。時間がない。お願いだ」と繰り返した。仕方なく、その時手元にあった三〇〇〇ペソを渡すと、彼女はそのまま、マニラに向かう最終便の船に乗るべく足早に旅立っていった。あとで聞いたところ、不足した分の資金は、家にあった携帯電話を売って賄ったのだという。

そのまま、マニラでの三か月ほどの研修期間を終え、いよいよ、アンナがサウジアラビアに渡航する時がやってきた。渡航の前日、親族に電話をかけてきたアンナは、「渡航することが不安で仕方ない、夫のことをくれぐれもよろしく頼む」と言いながら、電話口の向こうで泣いていた。そんな彼女を、その場にいた近所の女性三人が、代わる代わる電話にでて励ました。そのうちの一人が言った。「大丈夫。外国にいるって思うから怖くなるし、さみしくなるんだよ。マニラとここと、それくらいの距離に居るんだって考えよう。そしたら、そんなに遠いことじゃないから」。

アンナの仕事は、当初、ある家庭の家事手伝いということだったが、到着して早々に、それとは別の仕事を与えられた。それは、寝たきりで一人で暮らす老婦人の世話だった。元々の雇い主はその女性の息子一家であったが、別の家に暮らしながら時折様子を見に来る程度であったため、アンナと、主人である老婦人との、二人きりの生活が始まった。

アンナが仕事や現地での生活に慣れるまで、さほど時間はかからなかった。老婦人は寝たきりであったものの、会話などは問題なくできたため、アンナは思っていたよりもずっと早くアラビア語の会話に慣れたという。生活が落ち着き、給料で新しい携帯電話を購入すると、彼女は頻繁に、フェイスブックのアプリを使って、電話をかけてくるようになった。時には、掃除などの仕事をしながらかけてくることもあったが、老婦人は、そうやって仕事中に電話をすることに対して、口うるさく言う人物ではなかったらしい。ビデオチャットの向こう側のアンナは、携帯電話のカメラ越しに老婦人の顔を自分と並べて「これが私の主人」と言って笑った。こちらとのタガログ語での会話を、アラビア語に翻訳して説明し、老婦人を会話に参加させる。そして、こちら側にもまた「今、私はアラビア語でこう言ってね、これは○○という意味」と説明をする。また時には「こないだ送ったお金は、まずこれに使って」「それはダメ。こちらが優先」と送金の使い道や近所に対する借金の融通について、指示を出す。そうやって老婦人と、こちらに残された親族、双方に言語をレクチャーし、送金の使い道を指示するアンナの姿は、かつてはなかった自信に満ちあふれているように見えた。私たちが「子供たちがさみしがっているよ」と話し、「サウジは遠いね」と語りかけると、アンナははっきりとした口調でこう言った。「そんな風に、遠い、遠いと考えたら余計に悲しくなるからだめ。私はちょっと町に買い物に行っているとでも思ってみて。そしたら大丈夫だから」と。

アンナは、非常にマメに家族への送金をしてくる女性だった。最初の数か月の送金は、まず、出国前に作ったあちこちへの借金返済に充てられた。その次に、一家は水の出が弱くなっていた井戸にエンジンで動くポンプをつなぎ、洗濯や、農業用水に困らないようにした。家にはテラスが建て増しされ、窓にはガラスのサッシがはめられた。

冷蔵庫や洗濯機が置かれ、子供たちが寝るスペースは、雑魚寝から二段ベッドへと変わった。夫のネストールは、外で飲むときに「自分が」と言って金を出すようになった。近所の親戚は言った。「アンナは苦労して貧しかったが、今ではたくさんの給料をもらえている。彼女は本当にラッキーだ」と。だが、そうなると今度は、アンナたち一家に、借金を頼み込む人間も出てくるようになっていった。

二〇一七年八月、アンナは、二年の契約期間を終えて帰国した。しかし三か月ほどフィリピンに滞在したのち、彼女は再び出国した。実は、アンナはもともと、再出国を望んでいたが、家族が離れ離れになることを嫌う夫がそれに反対していたという。だが、彼らが二年間で作った蓄えは、近所からの借金を断ることができずにいるうちに、あっという間に底をついた。長男は来年、大学生になるし、末の子は、まだ小学校にも入っていない。選択肢はなかったという。こういった時、フィリピンの人々はしばしばこう言う。「ノーチョイスだからね」と。

3　トラブルの果てに消える――マリセルの場合

マリセルも同じくサウジアラビアに渡航したOFWであるが、彼女が渡航するまでの経緯は、アンナとはやや異なる。

マリセルとその夫ジョエルとは、再婚同士の関係にある。フィリピンでは離婚、再婚が制度的に認められていないため、正式には、彼らは内縁関係にあり、二人の間にできた二人の子供と、マリセルの連れ子のひとり娘の五人家族で暮らしていた。夫であるジョエルはもともと、集落から車で一時間半ほどの距離にあるビーチリゾートのレストランに勤めており、その当時は、かなり羽振りの良い生活を送っていたという。しかし、村で暮らしていた実父が他界したことと、レストランの経営状況が悪化したことなどが重なり、ある時、一家は揃って故郷の村へ帰ってきた。そして、ジョエルが仕事を辞めたのと入れ替わりに、妻のマリセルが海外で働く話が浮上したのだ。

さて、アンナの例でも述べたように、海外就労をしようとする場合、エージェントから給与を前借することも可能であるものの、どうしても、ある程度の自前資金を準備する必要がある。マリセルとジョエルの場合は、父親の形見であったサイドカー付きのバイク（トライシクル）や金目のものを売り払って、渡航のための資金を準備した。だが、こうした出国の準備をしていた矢先、ある事件が起こる。マリセルが、ジョエルの弟と不倫関係にあったことが明らかになったのだ。そして、その騒動が落ち着く前に、彼女は「渡航が決まったからマニラに行かなくてはならない」と言って村を去った。

村を去ったマリセルから、家族への連絡が入ることはほとんどなかった。彼女がどこにいるかもはっきりとわからず、当然送金もなく、ジョエルは二人の子供とマリセルの連れ子の娘を食べさせていくために、わずかな日雇いの仕事を探しながら生活していくほかなかった。母親や兄弟、近所の人々は、マリセルはもう帰ってこないだろうから、彼女からの送金を待つことはあきらめて、自分で仕事をするよう、ジョエルに勧めた。それでも、ジョエルは妻からの連絡を待った。

それから半年ほどたったある日、彼女は突然帰ってきた。なんでも、雇い主から休暇をもらったのだという。山ほどの土産を抱えて帰ってきた彼女は、渡航先で撮ったというたくさんの写真を自慢げに見せてくれた。華やかなショッピング・モールや、ラウンジのような空間。大勢のフィリピン人女性が集まって、パーティーをしている様子が、携帯電話の写真フォルダには並んでいた。「私たちを送り込んだエージェントが、向こうでさみしくないように、時々フィリピン人を集めてこうしたパーティーを開いてくれていてね」マリセルは嬉しそうにそう語った。

それから数か月の間、ジョエル達家族の生活は、以前と比べると多少潤っているように見えた。バイクを新しく購入したりしていたし、子供たちも新しいおもちゃで遊んでいた。二人で、ＯＦＷの仲介業を生業にしようかと、話していた時期もあった。

だが、しばらくすると、マリセルは再び渡航すると言い、中東へと旅立っていった。

マリセルが渡航して二か月ほどたったある日、ジョエルの母が、ジョエルに対し、こんなことを言っていた。「マリセルは、金を送ってきたのか」。母は続けて言った。「近所の同じ時期に渡航した女性は、すでにエージェントへの借金支払いも終え、家族宛てに送金してきている。この前は、一万七〇〇〇ペソも送ってきたらしい。お前も、あの家に当座の生活費を借りなさい。一〇〇〇ペソくらいであれば、きっと貸してくれるだろう」と。ジョエルは、それに対して暗い表情で答えた。なんでも、向こうでの仕事を始めてすぐに、マリセルの同僚が雇用主とトラブルを起こし、それが原因でマリセルも一緒に職場を変えることを余儀なくされたのだという。そのため、まだ仕事を始めて一か月にも満たない状態であり、送金してくることができないのだ、と。しかし、一方でその前日、マリセルの娘は「ママは（渡航前に喧嘩して）パパに腹を立てている。だから金を送ってこないのだ」と話していた。

こういった家族の不安はあったものの、二、三か月の間、マリセルはきちんと定期的に送金をしてきていた。だが、それもだんだんと額が減っていき、そして、あるとき途絶えた。

ジョエルは、フェイスブックを通してマリセルに連絡を取ろうとした。しかし彼女は、たびたびフェイスブックのアカウントを作り直し、その様子はまるで、夫との連絡を断とうとしているようにも見えた。ジョエルはその度に、連れ子の娘や周囲の人々に聞きまわって、マリセルの新しいアカウントに連絡をとろうとしたが、それも、繰り返す度に、だんだんと難しくなっていった。「マリセルが返事をしてこない。何か言ってきていないか」。私にさえも、尋ねてきた。そしてそんな中、連れ子の娘が、集落内の親戚と折り合いが悪くなったために、遠方にある母方の実家に移り住んでしまい、ジョエルたち家族がマリセルと連絡を取る手段は、ますますなくなった。

その頃、マリセルとフェイスブックチャットで話をしたという近所の女性が「マリセルは、雇い主からひどく気に入られて雇い主の海外出張などにも同行するようになったらしい。それで頻繁に連絡を取ることが難しくなっていたのだと自慢げに話していた」と噂していた。それを耳にしたジョエルの妹は、「ただの使用人が雇い主と海外にまで行くなんてあると思う？ つまりそういうことよ（愛人関係にあるということ）」と吐き捨てるように言った（補足しておくが、雇用主がメイドを海外に連れて行くということ自体は、格別な扱いを受けているとまで言えることではない。つまり、マリセルがここで噂されているような関係を持っているると邪推されるいわれは、客観的にはあまりない）。

だが、長らくこのような音信不通の状況にあったにも関わらず、二〇一八年に私が久しぶりに集落を訪れてみると、その前年に、マリセルは一度村へ帰ってきていたという。かつてジョエル達家族が暮らしていた、一つの部屋をカーテンで仕切っただけの小さな小屋があった場所には、リビング、キッチンに加えて居室が三部屋もある、コンクリート造りの大きな家が建設されていた。しかし、私が訪れた当時、家は未完成のままであり、そこに夫妻の姿はなかった。聞くところによると、工事の途中で資金が底をついたため、マリセルは再び渡航してしまったのだという。そして、ここにきて、夫のジョエルも、ようやくその重い腰をあげ、マニラに働きに出た。残された二人の子供の面倒は、ジョエルの母が見ることとなった。

マリセルは、二度消え、しかし二度とも帰ってきた。だが、それにもかかわらず、ジョエルの家族は、変わらず彼女のことを信用していない様子だった。ジョエルの母はあるとき子供にこう言っていた。「お前のママはどこに行った。新しい男のところにいるのだろう」。子供は何も答えなかった。

マリセルの例については、彼女が度々消えては帰ってくることを繰り返している点で、やや珍しいケースかもしれない。だが、ＯＦＷとして渡航した人物が、現地で新しい恋人を作ったり、そのまま姿を消したりするようなことは、決して珍しい話ではない。近所のある家族は、妻の渡航費用を捻出するために、農作業用の水牛を売り、バイクを売って、やっとの思いで資金を工面したものの、妻はその金を手に、他州にいる恋人のところに消えた。一度に多くのものを失った夫と、残された一人娘は、周囲の人々に支えられながら、今も二人だけの生活を続けている。

「海外に行く」というのは大きなチャンスであり、人々はそれを手にするため、持てる資産や資源をつぎ込み必死の勝負にでる。だが、その代償としてもたらされる「不在」は、家族のつながりが失われる危機にもなりえるのである。

二　人々は移動し続ける——地方社会経済と移民

1　村落社会の中の移民と残された家族

これまで、出稼ぎ国家フィリピンの置かれたマクロな状況の記述から出発して、旅立つ人々と残された家族をテーマに、二組の家族のエピソードを見てきたが、ここで少し、ミクロな社会経済の記述から、移民とその家族の置かれた状況を見てみよう。

本書の舞台となっている集落、ウノは、マニラのあるルソン島から、船で南に一時間半ほど下ったミンドロ島という島にある、人口一五〇〇人ほどの小さな村だ。

見渡す限りの水田と、ところどころにココナッツの林が広がるウノは、その景観を見れば、多くの人がそこを「農村」と呼ぶだろう。しかし、集落住民のうち、実際に農業で生活を維持している人々の割合は、労働人口全体の二〇パーセント程度にとどまる。それ以外の人々は、近隣の町での溶接工や、飲食店、スーパーマーケットの従業員、マニラやルソン島の工業地帯への出稼ぎなど、その時々に見つかった様々な仕事を転々としながら日々の暮らしを営んでいる。そして、そうした人々の一部が、アンナたちのように、海外で就労するようになっている。国内に暮らしながらも安定した収入を得ているのは、教員や、電気・工学系の技術者といった、専門職に就いている人々しかいない。このような就業構造にあるウノの人々の経済水準をみたとき、その六割、つまり、集落階層の中位層

図1　フィリピン共和国

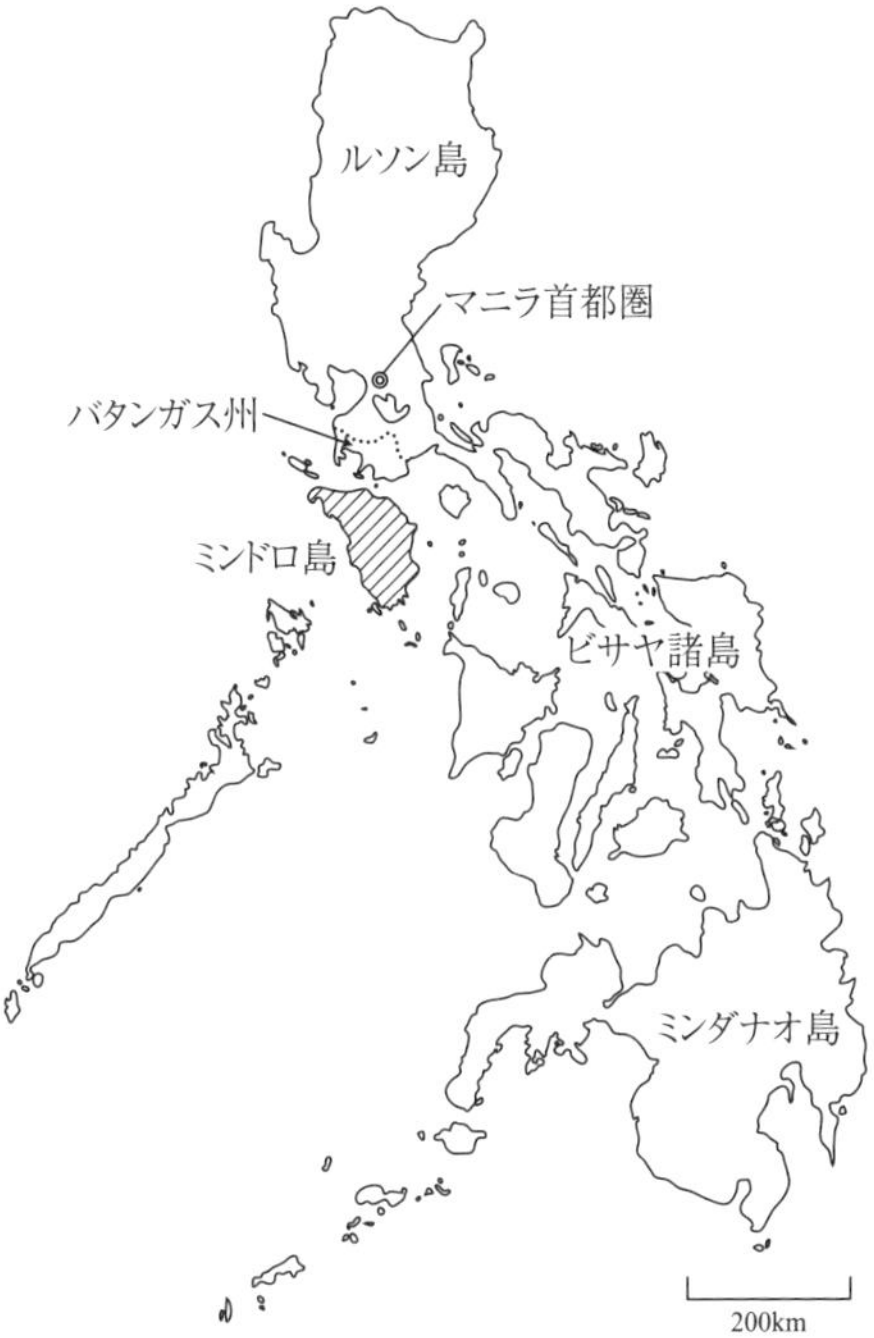

以下は、貧困層と呼ばれる社会層に属する。[3]

そんなウノの人口一五〇〇人の内、現在「故郷に残した家族に仕送りをしながら海外に暮らす人」として確認された人数は四七人、全人口の三パーセントほどであった。しかし、定期的な仕送りが途絶えた家族や、子供も含めた一家で移住してしまい、故郷に残された父母や兄弟に対しては臨時的な送金を行うのみとなった移住者の数は、集計が困難であったため把握できていない。そのため、公的統計の中で「海外に暮らすフィリピン人」としてカウントされる永住者を含めた総数は、この一五〇〇分の四七という数値よりもはるかに高くなると推測される。

先に示したアンナとマリセルの渡航先は、どちらも中東、サウジアラビアであったが、彼女たちのように、近年初めて渡航するようになった人々は、中東地域を行き先としている例が多い。ちなみに、企業で働くホワイトカラーや熟練労働者を除いた、家事労働などによる中東行き事例の多くは、二年の契約期間をベースに渡航を繰り返すのが一般的である。一方、集落全体で見た際の初期移民、八〇年代や九〇年代にすでに渡航していた人々の行き先は、イタリアや、香港、台湾などが多い。特にイタリアに渡航した初期移民の家族は、調査中に出会った事例だけを見ても、揃って国外に移住してしまっているケースが目立つ。こうした(半)永住移民の場合、残された親族が、移民家族に代わって、彼らが購入、相続した家や土地などを管理している。

こうした、OFWが所有する土地を親族が管理するという例で特に目を引くのは、農業用地の貸借をめぐる関係である。成功者である移民が新たに農地を購入し、その親族との間で地主・小作関係が形成される場合、通常の地主・小作関係の場合よりも小作料が安い、あるいは、不作の際などにも小作料が厳密に徴収されない場合が多くみられる。そして、こうした有利な条件で小作地を得た人々は、相対的に豊かな生活を送ることができるようになっていく。ある女性は、私が行っていた小作料の支払いに関するインタビューの中で、「兄弟たちは、みんな外国へ行って、お金持ちになった。そして、兄弟の中で私だけが貧しいまま。だから(小作料を徴収しないことなどで)支えてくれるのは当然でしょう」と語り、また、別の女性は「土地の持ち主(兄弟)は外国にいる。どこの国にいるのかはよく知らないが、(小作料の未収とは別に)月々六〇〇〇ペソを仕送りしてくれている。彼らはもうお金持ちになってしまったから、彼らにとってそれはほんのお小遣い程度の額かもしれない。けど、私達にとっては、とても大切なお金」と言って、遠く離れた兄弟とのつながりを語った。

2　移民であろうとし続ける――送金がもたらす変化とその重み

ところで、本書冒頭でも示したが、フィリピンの移民、約一〇〇〇万人のうちの一割が、不法滞在の形で移住先に滞在しているというデータがある。もちろん、ウノの出身者にも、こういったケースは存在する。現在に至るまでの約一〇年間、イタリアで不法滞在生活を続けているマリオもその例だ。

マリオは、今から一〇年ほど前、当時世話になっていた人物の斡旋でイタリアに渡航した。入国当時に取得した就労ビザは数年で切れ、その後はずっと、はじめに仕事を斡旋してくれた人物や仲間などの個人的なつてを頼って仕事を得ている。現在の仕事である庭師としての月収はおよそ四〇〇ユーロで、正規に働くよりも、賃金水準はずっと低いという。しかし、マリオのように、一度不法滞在者となってしまった場合、強制送還されてしまったが最後、再び正規のルートで渡航することは難しくなる。そのため、その限界の日がくるまで、できる限りの間は、今の生活を続けていくつもりなのだと妻のカレンは語った。こうした状況にあるマリオは、送金の際、銀行などを通した正規の送金手段をとることも難しい。マリオは、家族の携帯番号のプリペイド式料金を支払う形で「送金」し、カレンがそれを、近所の人々に転売することで現金化している。

写真2　どんな地方に行っても、送金 (*Padala*) 受取サービスの窓口がある

このような危険を冒してまで、人々は海外での就労を続けようとする。それはひとえに、フィリピン国内では同等の賃金を得られるような仕事を見つけることが困難なためである。

先ほど、集落世帯の六割近くが貧困層に属すると述べたが、だからこそ、ひとたび家族にOFWからの送金が舞い込むと、一家の収入水準は激変する。OFWからの送金額は、彼らが給与の内のどれくらいを故郷に送るかによっても異なるが、参考までの数値を示そう。例えば、最初の例で取り上げたアンナやマリセルの場合、給与は月額四〇〇米ドルで設定されていた。これは、フィリピンペソに換算すると、およそ二万ペソとなる。アンナ一家の渡航前の収入は、洗濯などの仕事で得られた月収三〇〇〇から五〇〇〇ペソと、夫が耕作する小さな水田から収穫される自給用の米のみであった。アンナは毎月一万ペソ以上を仕送りしてきていたため、一家の収入は、少なく見積もっても倍以上になっている。

集落内を歩いていると、クボとよばれる、ベニヤ板や竹、ニッパヤシの屋根で作られた家や、コンクリートうちっぱなしの家など、様々なスタイルの家屋が目に入るが、中でも目を引くのが、きれいに外装を施し、タイルで舗装した家々である。私がウノでの生活を始めたばかりのころ、ある男性がこう話した。「OFWの家とそうでない家とは、一目で見分けられる。色がついているか、いないか、だ」と。そうしたカラフルな家々は、OFW達の成功を象徴するかのように静かにたたずんでいるが、当の本人が海外にいるまま、無人となっている場合も少なくない。親族が代わりに住んでいる場合もあるものの「持ち主がいつ帰るのかはわからない」という話も、よく耳にした。

3　移動する人々の土地であり続けて

ここまで、ウノという地方村落を舞台に、移民として人々が旅立つ過程や、彼らの置かれた社会背景をとおし、「移民たちの背後の世界」の概要を見てきた。人々は、貧しい生活からの脱却や変化を目指し、様々な苦労を重ねながら、海を渡っていく。その送金がもたらす生活の変化は、カラフルな家屋やブランドものの家電製品に代表されるような形で周囲に誇示され、人々の新天地への挑戦を誘う。また、送金がもたらす経済、生活の変化は、故郷に残った親族の生活にも変化をもたらし、直接的・間接的に、集落の社会経済階層の形に影響を与えている。だが、その挑戦の影には、マリオの不法滞在に見られたような、様々な危険が隣併せとなっていることも忘れてはならない。そしてまた、人々の「不在」は、同時に、家族という関係やつながりが損なわれるきっかけにもなりかねず、富とリスクの二面性をはらんだ行為として認識されるのだ。

このように人々は生活の糧を求めて、また、新たな人生を切り開くために、家族を残し、海の向こうへ渡るわけ

図2　ミンドロ島の人口推移

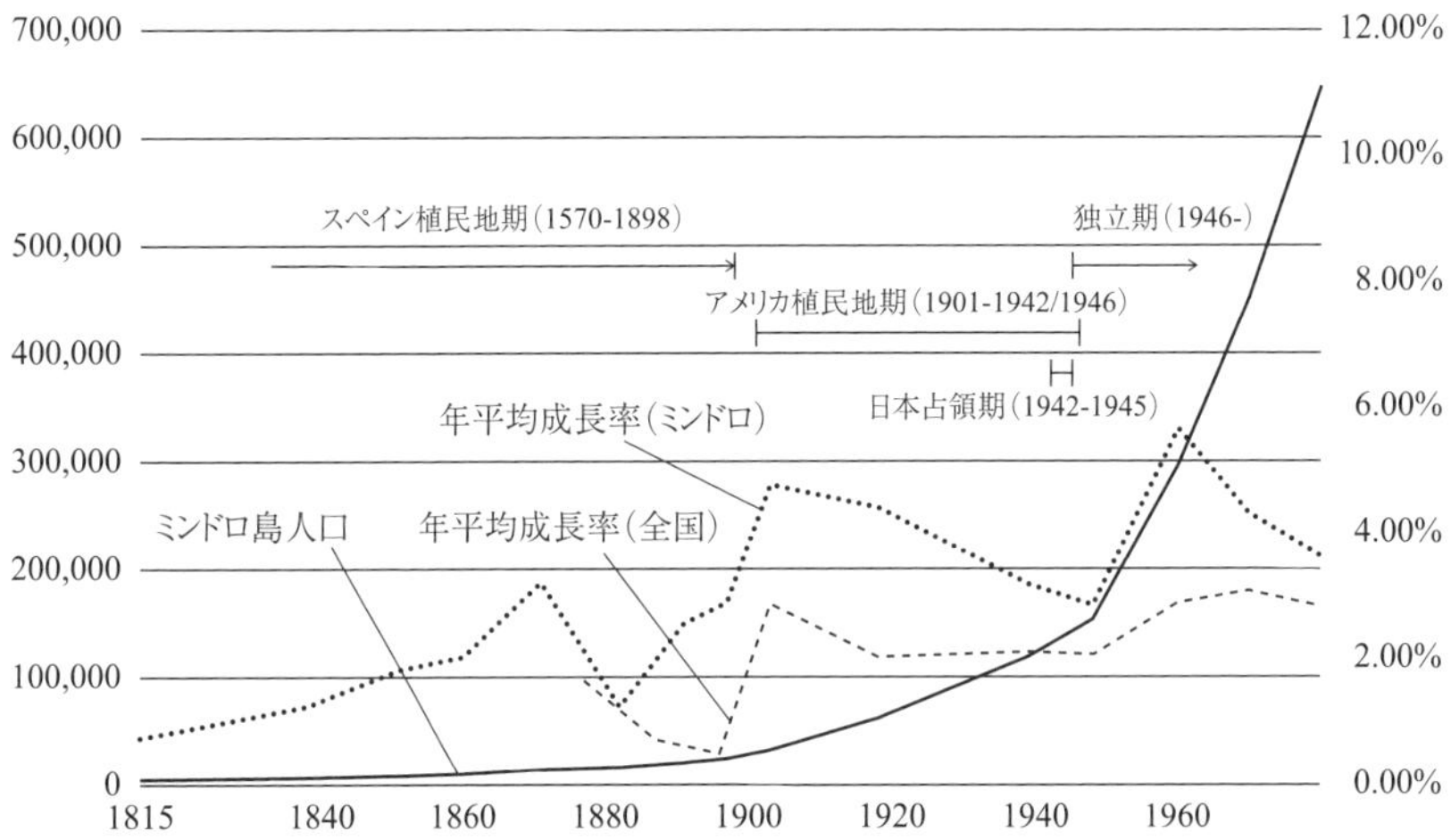

だが、フィリピンにおける経済的機会を求める人々の移動という現象自体は今日の国際移動に始まったことではなく、地方社会間の移動や、向都移動など、様々な規模の移動が以前から存在した［Simkins and Wernsted 1971、細田 二〇〇七］。ウノの位置するミンドロ島も、かつては、長らくフロンティアとして残されていた土地であり、その人口の大部分はもともと、二〇世紀以降に、新たな経済機会、新天地を求め、他地方から移動してきた人々が形成したものである[4]［Schult 1991］。人々が出ていく側か、受け入れる側かというちがいはあっても、多くのフィリピン地方社会は、「人の移動に伴う社会変化」を経験し続けてきたのだ。

家族と自分の未来をかけて、時に「ノーチョイス」な状況に迫られながら、旅立ちという勝負に出る人々。こうした移民となる人々が属する社会階層は、千差万別であり、ここで語ったような事例がフィリピン人移民のすべてを物語っているわけではないが、明日あなたの隣人になるかもしれない、フィリピンの人々が抱える「背後の世界」を少し想像していただけただろうか。「普通の」人々が旅立つにあたって重ねる努力と、残された家族の期待と悲哀。だが物語はここで終わらない。不在の影に、共在が始まるのである。

三　不在を埋め合わせる——カサマとしての先住民

1　ジェーンとロラ

「ジェーンはいますか?」

ある昼下がり、訪れた先の軒先で少女の姿を探して尋ねると、家の人から裏のお婆さんの家にいるはずだよと言われた。そちらに回ってもいいかと話をしていたところに、当の本人が台所からアイスクリームを食べながら顔を出した。

ジェーンは、マンヤンと呼ばれる、ミンドロの先住民の少女である。山の方にあるマンヤンのコミュニティから離れて暮らすジェーンの両親にインタビューした際、仕事で世話になっているタガログ（ミンドロのマジョリティ民族）の家に彼女が寝泊まりしているという話を耳にし、訪れたときのことだった。ジェーンに、一体どうして（両親のところでなく）雇い主の家族の家で暮らしているのか聞くと、彼女は「だってロラ（おばあさんの意）はあの広い家に一人暮らしで、〝カサマ〟が居ないから」と言った。

ロラは、ジェーンの両親が世話になっているタガログ男性の母親で、息子夫婦の暮らす家のすぐ裏手にある、小さいがエアコンも付いた立派な家に一人で暮らしている。もう九〇歳を超えるというが、ひとりで出歩き、手の空いた時間には、庭の草むしりなどして過ごしている、元気なお婆さんだ。ロラには、三人の子供がいるが、すぐそばに暮らす息子以外の二人は、まだ小さな子供を兄夫婦の下に預け、ドバイで生活している。ロラが暮らす家（もちろん色付き）は、このドバイに暮らす子供たちが建ててくれたものだという。また、ロラ自身の兄弟たちも、その子供たちと共に移住し、現在はカナダやロンドン、パリに暮らしているという。

2　カサマを探して――共に在ろうとする

ところで、ジェーンが言ったこの「カサマ」とはなんだろう。

Sino kasama mo?　「あなたの〝カサマ〟は誰？」

フィリピンにいると、どこに行ってもよく聞かれるのが、この言葉だ。カサマの語根は、一緒に行動することを意味する動詞 *Sama* である。この *Sama* に、位置的に近接した場所にいる相手や同質のものを示す接辞 *Ka* をつけて、カサマ *Kasama* となる。英語に訳す際は、Companion と訳されるので、日本語でも「連れ」などと訳すことが可能だが、ニュアンスとしては、誰かが一緒にいる（行動する）状態に焦点を当てて使用される。つまり「カサマがいる」という時、それは「独りではない」状態を強調している表現と捉えるのが、適切かと思われる。

日常生活の場面でも、病院に行くとき、町に行くとき、夜寝るとき、人々はカサマが居ないことを気にする。高齢になった祖母が一人で暮らしているからと、近くに住む孫娘が夜だけその家で過ごすというようなこともあるが、高校生にもなった男の子が一人で寝るのが可哀そうだからと、小学生の「カサマ」がわざわざ派遣されることもある。それほどに、どこに行くにもカサマは必要であり、独りでいることは、好ましくないこととされる。そして、こうしたカサマになり得るのは、親族だけではない。

ジェーンがロラの家で暮らすようになったのは、ロラが「家にカサマが居ないから」といって、一緒に住んでくれるように頼んだことがきっかけだったという。海外移住者である子供からの送金で建てられた家に一人で暮らすロラと、そのカサマとなるために一緒に暮らすようになったマイノリティの少女、ジェーン。彼らの関係を詳しく見ていくと、これまで述べてきた家族が居なくなるという人口流出の事象と、その対応のひとつの結果として生じている、ある種の民族間の共在関係が浮かび上がってくる。

だが、ここで、ジェーンとロラのような関係を「共在」という文脈に位置づける前に、両者の間にある分断が語られねばならない。少し、その民族間の分断の話をすることとしよう。

3 「カサマ」となるマジョリティ・タガログとマイノリティ・マンヤン

フィリピンは七〇〇〇以上の島々から成る国土に、一〇の主要言語があり、さらに一〇〇以上もの地域言語、少数言語が存在するといわれる。しかし、民族として意識される区分としては、こうした言語による差異以上に、植民地時代の制度的名残としての「低地キリスト教民（マジョリティ）」と、それに対する「山地先住民（およびミンダナオ地方ではムスリム）」という捉え方が、今も、日常で意識される集団境界として根強く残っている。[5] 平たくいえば、「低地キリスト教民」とは、スペイン植民地時代の改宗を受け入れた人々であり、「山地先住民」ならびに「南部ムスリム」とは、その植民地化・宣教の過程を受け入れなかった人々をさす。現在の制度では、このような「マジョリティとしてのキリスト教徒人口とマイノリティとしての非キリスト教徒人口」という文脈は廃止されているものの、長く制度的に維持されてきた区分の形は、現在も人々の日常意識の中に強く残っており、山地先住民は、個々の民族名で呼ばれるのと同時に、むしろ、先住民、原住民を意味するカトゥトゥボ（*Katutubo*）という集合的な呼び名で呼ばれることも多い。

ミンドロ島のマンヤンと呼ばれる人々も、上記のような文脈の中で先住民と呼ばれてきた。マンヤンとは、彼らの言葉で「人」を指す語彙であり、彼らを「マンヤン」と称するのは、外的に与えられた呼び名でしかなく、実際には、マンヤンと総称される人々の中にも、異なる言語・文化を持つ八つのグループが存在する。そして、これに対し、「低地キリスト教徒」であるマジョリティ集団が、タガログと呼ばれる人々である。「タガログ」は、タガログ語を話す人々を指す呼称であり、マニラ周辺からルソン島南部にかけて広がるタガログ地域と呼ばれる一帯にその人口が集中している。ちなみに、フィリピンの国語フィリピノ語は、このタガログ語をベースに作られているものの、フィリピンの人口全体におけるタガログ語母語話者の割合は、三〇パーセント程度にとどまる。すでに述べてきたように、ミンドロはフィリピンの各地からやってきた移民によって人口の大半が構成される移民社会であるが、その八割近くが、このタガログ語を母語とする人々によって構成されている。

さて、ミンドロの低地（タガログ）社会において、「マンヤン」の名は、今も、ある種の差別的なニュアンスを含んで用いられている。人々は、水浴びをしなかったり、身なりをきちんと整えない子供を叱りつけるときなどに、「マンヤンみたいな臭いがする！」といい、子供たちもクラスメイトをからかう際に「お前はマンヤンの子だろう！」などと口にする。また同時に、独自の風習を持つ存在としてのマンヤンは、低地社会に生きる人々から、自分たちの知り得ない呪術などの民俗知を持つ「異質な人々」としても語られる。

写真3　アモ宅でコーヒーを飲みながらくつろぐマンヤンの親子

こうした「分断の文脈」が存在していることを踏まえ、もう一度、ジェーンとロラの関係に話を戻そう。ジェーンとその両親は、もともと山地のコミュニティに暮らしていたマンヤンで、ロラとその家族は、そこから一〇キロメートルほど離れた低地の集落に暮らす、タガログの家族である。ジェーンの一家は、稲の収穫期を中心に低地社会に移動し、川端に小さな小屋を建てて生活している。ロラの家族らの下では収穫労働などにかかわっているものの、必ずしもその専属で仕事をしているわけではない。一方、ロラの家族は、ロラ自身が子供のころに、他の地方から現在暮らす土地へと移住してきた。かつては五〇ヘクタールほどの土地を耕作する比較的裕福な農家であったというが、現在は、息子のうちの一人が、相続で分割された後に残った数ヘクタールの土地を管理し、他の子供たちは、皆海外で生活する。

立派な家にひとりで暮らすロラと、そのカサマとなるために呼び込まれたジェーン。マジョリティであるロラの家族と、マイノリティであるジェーンの家族。彼らの関係はいうなれば、国家社会の周縁に置かれたマイノリティが、ローカルな社会の周縁に置かれた高齢の女性の側へと呼びこまれたことで成立している。このように「カサマが必要だから」と言われ、マンヤンがタガログの家庭に住みこむようになる例は、他にもいくつか見られた。そして、家や屋敷地の内側といった親密な距離に置かれた彼らの間には、単純な労使の関係を超えたつながりが見いだされる場合もある。しかし、そうした環境下で築かれるのは、心温まる関係ばかりではない。

4　カサマに逃げられる——アイザの場合

ところで、ロラとその家族は、ジェーンたちの一家から「アモ」と呼ばれる。アモとは、タガログ語でボス、雇用主のことを意味し、これに対し、使用人は「タオハン」と呼ばれる。ジェーンとロラの関係の場合、ジェーンの両親は、ロラの息子夫婦のタオハンであり、ロラやロラの息子夫婦は、ジェーン一家のアモというわけだ。タガログ社会において、このようにアモとタオハンの関係と言う場合、単なる「雇用者」「使用人」という労使の関係を超えた、様々な形での庇護や忠誠、ケアを通した、全人格的な関係を築くことが求められる。そうしたニュアンスを残すため、これ以降では、彼らのような関係を、アモ—タオハンとして記していくこととする。

次に見るエピソードもまた、ある「残された家族」であるタガログのアモ（雇用者）と、彼女にとって「カサマ」

図3　アイザの屋敷地内簡易図

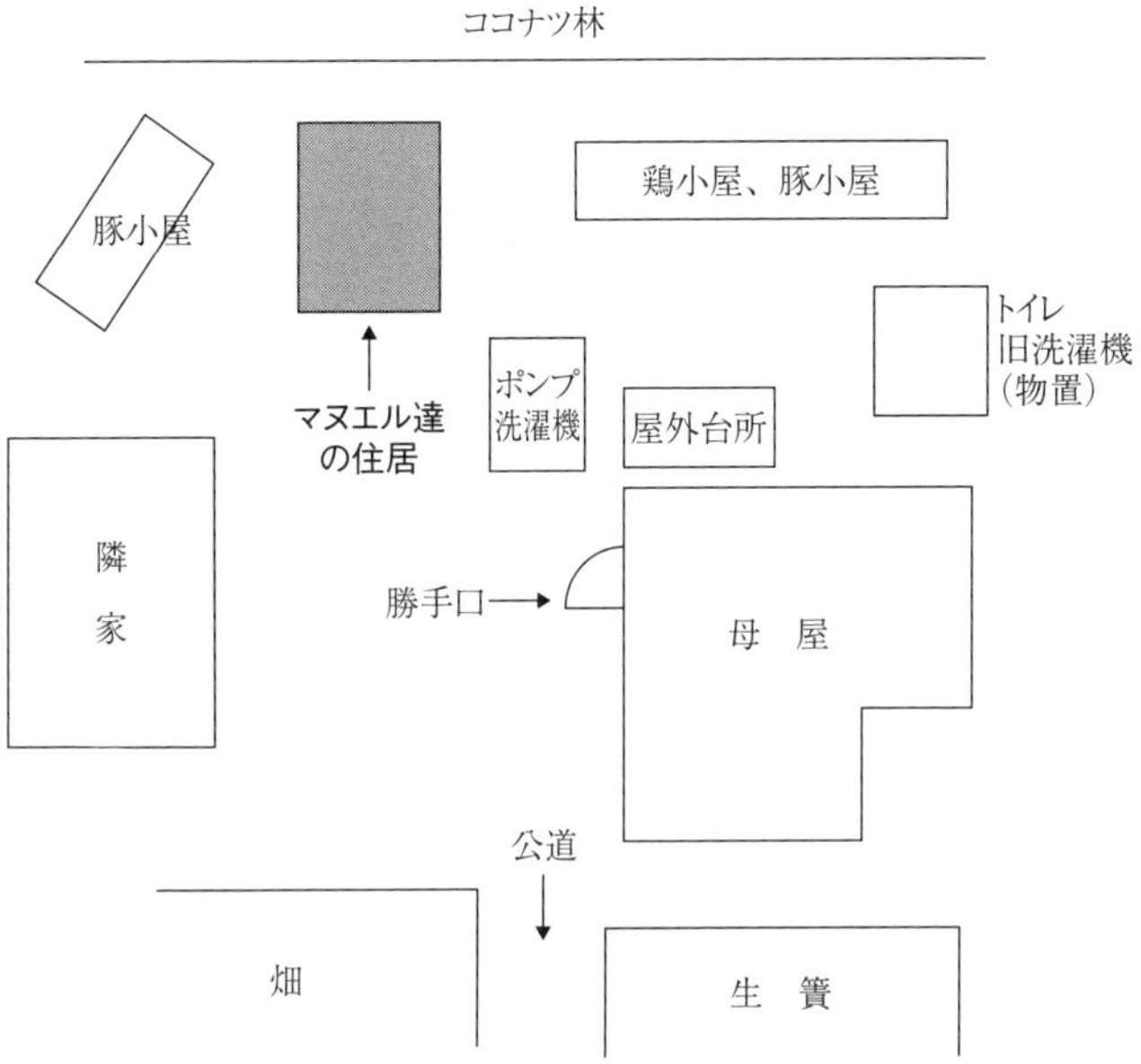

であったマンヤンのタオハン（使用人）一家の物語であるが、なんとこのアモは、彼女の「カサマ」に逃げられてしまう。

アイザは、六〇代のタガログ女性である。彼女の屋敷地内には、そのタオハンである二〇代のマンヤン男性、マヌエルの一家が、もともと豚小屋だったコンクリート造りのスペースを改築して建てた家に暮らしていた。

アイザが暮らす母屋には、大学生の孫娘二人も暮らしているが、彼女たちの両親を含め、アイザの四人の子供たちは皆、海外に生活するＯＦＷである。アイザの夫は、私が彼女にインタビューをした一年ほど前、突然の発作を起こし帰らぬ人となった。マヌエルの家族はもともと、このアイザの夫の農作業を手伝っていたが、彼が他界した後、アイザのたっての希望で、庭先に暮らすようになったという。アイザは、マヌエル一家のことを「大切なカサマであり、自身にとって子供のような存在であった」と語っている。

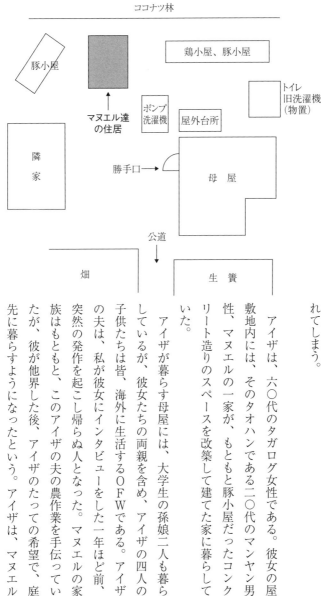

彼ら（マヌエル一家）がうちに住み始めたのは、私の夫が死んでから。夫が、どうやって彼らと知り合ったか、（詳しいことは）知らないけど、ココナッツの収穫を、彼らの家族にずっとやってもらっていた。マヌエルの父親のインドイさん、彼と（夫が）もともと知り合いだったから。（マヌエルの父親は）とてもいい人だった。［…］ここに住まないかという話は、夫が生きていた頃からしていたけど、［…］夫が死んでから改めてお願いして、来てもらった。これで私は家で一人じゃなくなるからね。何か用があったら、呼んで頼みごとをできる人がいるでしょう。夜は一人じゃなくて済むし。もし病気になったときも、呼ぶ人がいる。（一緒に暮らしている孫娘は居るが）彼らがいてくれたら親類とはまた別に、身近にすぐ呼ぶことができる人がいるでしょう。［…］

いつも彼らのこと、（貧しくて）かわいそうと思っている。マヌエルは、真面目ないい子なのにね。だから米とか、気が付いたらあげていた。病気になったときは、私が救急車を呼んであげた。（彼らが食べ物がないときは）マヌエルの妻のグレースに、うちの生け簀で魚をとっていいよ、といつも言ってあげていた。［…］

まだマヌエルに仕事を頼むようになる前、タガログの人たちに頼んでいた時期もあった。でもタガログの人を（タオハンに捕まえるのは）とにかく大変で。それで、マンヤンの人たちは、お金がなくて大変（困っている）でしょう。だから、彼らに頼むことにした。それで、家にも一緒に住んでもらえるから、夜私は一人きりにならないし。親戚はいるけど、彼らもいてくれたほうがいい。［…］

一〇年くらい前にほかのマンヤンを使っていたこともあったけど、彼らもどこかに行ってしまった。ここじゃなくて、彼らには果樹園の方に住んでもらっていた。［…］

（筆者：マヌエル家族に対して親切にしてやりたいという気持ちはどこから来ると思いますか？）

私には持っているものがあって、それを彼らは持っていない。（そして、彼らは）私の子供みたいなもの。とても近しいカサマ。

私にとってマヌエルはね、自分の子供と同じ。私は、彼を私の子供の一人と思っていた。私の子供たちがイタリアからいろいろ送ってくると、私はその一部をマヌエルたちのためにとっておいた。そうしたら、あの優しいカサマがずっと私のそばにいてくれるでしょう。[…]彼らが去らないでいてくれたらどんなにか良かったか。

アイザ、六〇代　タガログ女性

アイザはまた、海外にいる子供たちが、マヌエル一家が庭先に住み込みで生活していることを喜んでいたと語った。そのため、時に子供たち自らが、マヌエル一家への服などの贈り物を、滞在先のイタリアから送ってくることもあったという。

さて、一方のマヌエルとその家族も、アイザのことを優しい良いアモだと語っていた。だが、それにも関わらず、彼らはアイザのもとを去った。なぜなのか。私は、マヌエル一家が生活する小屋にもたびたび寝泊まりしていたのだが、実は、そこで見聞きした限りにおいても、彼らの間には色々と、細々としたトラブルが散見されたのである。

例えば、ある日の夕方、私がマヌエルたちが暮らしている家を訪ねた時のことである。マヌエルの妻グレースとともにテレビを見ていると、突然、テレビと扇風機が停止した。グレースが様子を見に行くと、アイザから「雷が近づいていたから怖くて電源を抜いた」と言われたという。グレースは「雨も降ってないのに雷って。私はちゃんと電気代を払っているのに」と、憤慨した様子で話した。マヌエルたちの暮らす小屋は、本来人が生活するためのスペースでなかったということもあり、電気が通っておらず、母屋から延長コードを引っ張ってきて、電気、ラジオ、テレビ、扇風機に使用していた。その電気代は月額一五〇ペソで固定という話だったが、ある日突然、二〇〇ペソに引き上げられたという。そのこともまた、グレースを苛立たせていた。

こういったこと以外にも、グレースは、夫であるマヌエルが、牛の世話や、ココナツの収穫を忘れてどこかに出かけていていた際に、アイザが自ら牛の世話をしていた様子などを見て「ナナイ(母の意、アモであるアイザを指す)はきっと怒っているのだ。あぁもう山に帰りたい」と繰り返した。また、ある時は、給料の前借でいいから金を貸してくれと頼みにいったが、今は息子がお金を送ってくれないから、お金がないと断られたと愚痴をこぼした。山の集落に帰った時には、マヌエルの母を相手に不満を吐露する。「留守を頼まれたときに、母屋の台所で料理をしていただけなのに、帰ってきた途端に『何をやっているの』って。私は全然信用されていない」。

いつしか、会うたびにグレースは「もう限界。今度こそ山に帰る」とばかりこぼすようになった。こうしたトラブルのひとつひとつは、端から見れば些細なものだったかもしれない。だが、それが積り積もった結果、小さな穴から堤が崩れるように、彼らの関係は崩壊してしまった。マヌエルの一家はアイザの家を離れ、以後、姿を見せなくなった。

一方のアイザは、私が久々に彼女のもとを訪れた際、「グレースたちは今どうしているのか。長いこと会っていないのでとても心配だ。町の庁舎で働いているという話を聞いたが、私の姿を見たら隠れているのかもしれない。一度も目にしたことがない。もし見かけたら、私が会いたがっていたと伝えてほしい」と話した。グレースたちが何か告げてから去ったのかと尋ねたところ、何も聞かなかった、ある日突然いなくなってしまった、と答えた。

アイザは家族の不在による不都合や寂しさを抱えており、彼女にとってマヌエル一家の存在は、その欠落を埋めるカサマとして、必要なものだった。だが、マヌエル一家にとっては、生活のためにアイザのようなアモのもとで働く必要があったものの、間近に暮らしているからこそ生じる日々のこまごまとした軋轢に耐えられなくなった結果、彼らは一方的にその関係を解消してしまったのである。

四　連鎖する経済格差、連鎖する「ノーチョイス」

1　人の移動がつくりだす民族関係

二節の中で、新天地を求める人々の移動がフィリピン各地で脈々と続いてきた現象であると述べたが、働き手を探すタガログのアモと、タオハンとしてのマンヤンという関係ならびに、その前提として存在する彼らの間の経済格差もまた、そうした人々の移動に伴って形成され、変化してきた。

一六世紀に始まったスペインによる植民統治期、マンヤンの人々は、フィリピンの多くの先住民と同様に、キリスト教への改宗と、納税や労役の義務を拒絶して山地や森林の奥地へと逃れつつも、交易などによって低地社会とつながりを持ちながら社会を維持していた。しかし、同時に、スペイン時代のマンヤンは、人口が希薄であったミンドロへ移住開拓者を呼び込むために、入植者の開墾作業を下支えする安価な労働力として利用されていたという記録も残されている［Helbring & Schults 2004: 38-46］また、低地社会の移住民は、そうした安価な労働力を維持するため、マンヤンを低地社会に同化させようとするスペイン側の動きを阻害し、そのことがまた、両者の社会集団としての分断を、より強固なものにしていった(6)［Lopez 1976: 31］。

アメリカ植民地期に入ると、今度は森林と鉱山の開発を中心とした経済開発の進展に伴って、山地周辺エリアが開拓労働者の居住区などのために開放されるようになる。その結果、この時代のマンヤンは、「国民国家と市民社会へのスムーズな統合と、低地民からの搾取や暴力からの保護」という名目の下、それまでの生活エリアである山地から、保護区（Reservation）と呼ばれる区画への集住を強制された。そして、それと入れ替わりに、マンヤンが焼き畑を行い生活していた山地エリアは、伐採地や移住労働者向けのコミュニティとして切り拓かれていき、島の人口は大きく増加していく［Schults 1991: 75-81］。

ミンドロの人口分布、低地マジョリティと先住民との関係の構図が変化したもうひとつの転換点は、第二次世界大戦期にある［Schults 1991:108-110］。戦中の混乱が強まるにしたがい、人々は、もと居た土地からさらに山地や森林の奥地へ移住、逃避することを余儀なくされたものの、終戦後、人々がかつて暮らしていた土地に戻ったとき、そこにはすでに新たな入植者が生活を始めていた。土地の権利書などを有しない旧来の土地の利用者、特にマンヤンの人々は、こうした過程を経て、かつて利用していた土地の多くを失うこととなり、土地をめぐる先住者と入植者社会との対立は深まっていった。

このように、ミンドロは、その歴史の大部分において、希薄な人口と圧倒的労働不足という状況の下、外部からの移住者の流入を受け入れ続けてきた。そして、その過程におけるマクロな社会変化や政策の影響の下でつくられた「開拓を下支えする労働力として、社会の周縁に固定化されていく先住の人々」という文脈の影響を強く受け、日常レベルでのマジョリティキリスト教徒移住者と、先住民マンヤンとしての境界、関係は形成されてきた。いうなれば、人々の移動に伴う社会変化こそが、ミンドロにおける民族境界の意味と在り方を形作りつづけてきたのである［Lopez 1976］。

2　圧倒的な経済格差の下で紡がれる労使関係とその連鎖

これまでの事例で示したように、海外で成功した子供たちが建ててくれた立派な家で生活するロラは、カサマが居ないゆえに、息子のタオハンの家族であったジェーンを家に住まわせ、そのついでに、家の中での用事を言いつけている。孫娘と三人で暮らすアイザも、心細い生活を支えてくれるカサマとして、また農作業などを行う労働力として、マヌエル一家を雇い、家に住まわせていた。大局的に述べるならば、これは皆、アモの子供世代が外国で暮らしているという、人口流出と不在のダイナミズムの上に生じた関係であったと言えよう。だが同時に、こうした状況が、地方に残された高齢女性たちにとって容易となっている背景には、アモとなるタガログの人々と、タオハンとなるマンヤンの人々との間の、圧倒的な経済格差が存在している。

写真4　洪水後、水田に残された土木の撤去を行うマンヤン男性

そもそも先述のように、両者の関係は、古くから経済的な関係をベースに形成されてきた。ミンドロがフロンティアであった時代から、マンヤンは開拓過程における肉体労働を担う安価な労働力とみなされており、現在も、草刈や、稲や果実の収穫、建設現場での土砂運びなど、タガログが、マンヤンを労働力として求める場面は数多くある。

ある六〇代のタガログ男性と話をしていた際、こんなことを言われた。「かつて、マンヤンがものを知らなかった頃は、タガログに対して支払うよりもずっと安い賃金で使うことができた。だけど今のマンヤンは、かつてのような読み書きのわからないようなマンヤンとは違う。同じように賃金を支払わなくてはならないし、同じように扱わなくてはならない」と。このように、低地民の間で「同じように」という意識が広まっている一方、相変わらずマンヤンが従事している農作業や、力仕事は、条件の良い仕事ではない。ウノ

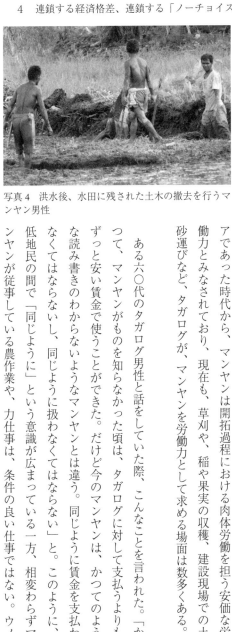

に暮らすタガログについても、その六割近くが貧困層に属する経済レベルであると述べたが、実際、マンヤンの経済水準はその中でも特に低位層と並ぶか、もしくは下回るレベルにあり、マンヤンの集落における乳児死亡率などは、依然として低地社会のそれを遥かに上回る。

マヌエル一家のように、タガログのアモとの関係に問題が生じたことで山のコミュニティへ逃亡したマンヤンの話は、何件か耳にしたし、そうしたことによって「マンヤンは（アモによるケアと恩を忘れて）すぐにいなくなる」という、タガログ社会でのイメージが強化されているような側面もある。だがやはり、実際のところ、彼らにとっても、生活を維持していくため、低地のアモのもとでの賃労働は、もはや不可欠となっている。[7]

低地民・タガログと山地民・マンヤンの、アモとタオハン。こういった経済格差という社会背景とそれぞれの必要が合致するからこそ、子供からの仕送りのみによって暮らす高齢者が、比較的少ない出費で、カサマであり、かつタオハンである彼らを、その生活圏に招き入れることができるというわけである。さらに突き放した言い方をすれば、アモがいかに彼らのタオハンに対する愛情と親密さを語っていたとしても、その関係の中で、格差や差異そのものが打ち消されるわけではない。むしろ「子供のよう」という感情を強調して語る時、それはアモにとってのタオハン家族が、命令に服従するべき、対等な大人になることを認められていない存在であることの現れとして、一層、その関係の前提にある格差を際立たせると言っても過言ではない。

だが、考えてみてほしい。そもそも映画「イロイロ」にみられるようなシンガポールなどの中流家庭にフィリピン人のメイドが雇われ、家事などの家庭内再生産の過程を補っているという状況もまた、シンガポールの中流家庭とフィリピン人メイドの家庭の経済格差という社会背景があるからこそ成立しているのである。こうして、状況は連鎖していく。

3 「ノーチョイス」の連なりがもたらす変化

こうした経済格差の連鎖現象は、例えばマニラ首都圏の中間層家庭に、農村部出身の女性が雇用されている事例などでも同様に指摘されている。それはまさに、移動と格差の連鎖という今日のグローバリゼーションを特徴づける現象となっているのである〔関 二〇一七、上野 二〇一一〕。だが最後に、そうした連鎖の関係だけではなく、そこにこれまでに示したマンヤン／タガログのような「民族関係」という文脈が重ねられた際、グローバルな事情に巻き込まれた結果として人々が過ごす、近くて、濃密な時間が互いのイメージを強化したり、転換したりする契機にもなり得ることを述べよう。

写真5　掃除をするタガログのアモと、立ち寄って談笑するタオハンのマンヤン夫婦

先述の、ロラの息子と結婚したタガログ女性と話していた際、彼女は「（現在住む）この土地にやってきた当初、はじめてマンヤンを見た時は、本当に怖かった。とてもとても怖かった。姿や恰好があまりにも私たちと違って、本当に怖かった」と繰り返し語った。何度も、「彼らには本当にしっぽがあると思っていた」と、当時の印象を強調した彼女だったが、同時に、今はマンヤンであるジェーンの母親が、自分のよき友人であると語った。その二つの印象の間に何があったのかと尋ねると、彼女は「何もない」と言った。自分たちが雇ったマンヤンと接するうちに、「すっかり慣れた」のだという。いわば、近く接した時間こそが、そのような変化をもたらしたというのである。

また、あるタガログの老婦人は、自身のタオハンであったマンヤンに逃げられたことに文句を言いつつも、それを「マンヤンはそういうものだし、仕方ないことだ」と半ばあきらめつつ、また別のマンヤンをタオハンに呼び込んで共に在ろうとしていた。繰り返し述べるように、こうして独り残された高齢者がマンヤンを雇うということは、彼らが自由にできるお金の限界を考慮した際、他に選択肢がないことだったとも受け取れるだろう。しかし彼女の行動は、結果的にではあるが、異なる習慣を持っていたり、突然に自分の側から離れてしまうかもしれない人々の生き方を受け入れ納得する形に、自分から歩み寄って（しまって）いるようにも見える。

そしてまた、マンヤンの側からも同様の歩み寄りがみられる。あるマンヤン男性は、彼が、タガログのアモの話し相手となって親しい時間を過ごすうちに、「彼らの習慣」を自分の習慣に取り入れるようになったという思い出を話して聞かせてくれた。

こうした事柄を、今日の「ノーチョイス」に導かれた人の移動や選択が、人の移動が作ってきた民族の分断を再び変化させているものとしてみることはできないだろうか。

必ずしも初めから親密でなかったにせよ、人が誰かと近く在る時間、空間、またはその記憶を共有することで、心情が変化したり、親しみが増したりする。誰しも、思い当たる経験があるのではないだろうか。そもそも、人と人とが心を通わせ、そして理解し合うということは、きれいごとでは済まない、非常に困難を伴う過程である。そこに外から与えられた他者としてのイメージ（例えば民族集団のような）という障壁があれば、それはなおのこと難しくなりうる。

だが、そういった前提を除いても、多くの場合、人が人とともに在るということは、理解できないことを理解しあっているとして、自分を暗黙のうちに騙し、妥協しながら、生きていくことに他ならない。そうした実践を日々積み重ね、繰り返すこと、つまりは、不承不承のなかであっても、近く在り、長い時間、関係を続けることによって、それはいつしか習慣の一部となり、人は、その環境や傍にいる存在に、否応なしに「慣れ」てしまう。様々な場面において、共に過ごすという物理的な時間は、言葉や議論を通した合意を超えて人と人を結ぶ契機となり得るし、だからこそ様々な事情による「そうせざるを得ない」という、ある意味での互いにとっての選択肢の不足「ノーチョイス」な状態は、時に、それゆえにこそ、強力に状況を変化させる契機ともなり得るのである。

おわりに――不在がもたらす共在と出稼ぎ社会の民族関係

本書は、移民現象に伴う人口流出が起こっているフィリピンの地方村落を舞台に、家族と民族、そして彼らが経験している不在と共在の時間をテーマに、移民によって残された家族と、移動から生じている民族間の関係の変化を様々なエピソードから綴ってきた。出稼ぎ国家フィリピンでは「海外で就労する人々」と一口に言っても、そうした人々が背景に抱える事情は、まさしく千差万別であることを改めて断っておこう。その中で、本書で見てきたような移民たちは、必ずしも元々ゆとりのある生活をしていたわけではない中、「ノーチョイス」であっても生活の糧を探し、チャンスにかけて移動を繰り返してきた人々であった。そうして家族の誰かが移動し、そして誰かが残された時に、本書で扱った村落ウノにおいては、先住民マンヤンが、その不在を様々な意味で埋めため、求められるケースがあった。そのようにして人々が築く個々の関係は、時に軋轢を、時に親密な情を伴いながら、その間柄に、慣れや忍耐、歩み寄りによる変化も導いた。

本書が示したアモータオハン関係の事例に登場している人々（アモ達）が、高齢にも関わらず家に独りでいることや、農作業における家族や親族の労働力に依存することができなくなっている状況の背景には、やはり、人口の流出という現代的状況がある。その現代社会の周縁に生きる高齢者たちが呼び寄せたマンヤンの人々は、フロンティアへの人口流入という、かつての人の移動によって国家社会の周縁に置かれてきた人々であった。そしてそのふたつの周縁の在り方は、今日の移動によって近づき、また少しずつその姿を変えているのである。

冒頭で触れた映画「イロイロ」において、雇い主側の息子ジャールーは、はじめのうち、新しくやってきたメイドのテレサに対してよい感情を抱いていない。ジャールーから嫌がらせを受けたテレサは、強い口調で「あなたが私を好きだろうと嫌いだろうと関係ない。私はここを出ていかない、貴方の母親が、私を雇ったから」と告げる。故郷の家族は問題を抱えており、彼女は働いて金を稼がなければならない。だが、そうして過ごした時間が、二人の絆を作っていく。

世界のグローバル化は今後も進展していくことと思われるし、日本における看護や介護、家事労働者などの需要もまた、当面は増加の一途をたどるであろう。フィリピンの人々が、彼らの家族を支えるため、また彼ら自身の人生を切り拓いていくために海外を目指す傾向も、これからも続いていくことだろう。彼らが、あなたの両親の面倒を見るカサマになるかもしれない、あなたの妻の、夫の、もしかしたらあなた自身のカサマになる日が来るかもしれない。その共在における身体のケアなどの、近く、親密な接触は、戸惑いや感情的軋轢をもたらすかもしれないし、逆に、そうした触れ合いが、そこに新しい親密な感情やイメージの転換をもたらすかもしれない。だが、その時に、そこで繰り広げられる共在とつながりの背後には、彼/彼女らの故郷における不在があり、そしてまた、それが新たな共在とつながりをもたらしているかもしれないという広がりを、思い出していただければ幸いである。

注

（1）国連経済社会局は、移民の定義について、多くの専門家の同意するところであるとしながら、以下のようにまとめている。現在、国境を越えて移動する移民に関する法的な定義はないものの、従来の居住地を変更した人々全般を指して、その人の移住の理由や法的地位に関わらず、広く「移民」として定義することが可能である。また、三か月以上、一二か月未満の移動を短期、もしくは一時移民、一年以上に渡る居住地の変更を長期、もしくは永住移民として区別するのが一般的である［United Nations for Refugees and Migrants］。

（2）二〇一八年六月に公開された、二〇一七年一二月分の統計では、ベトナム出身者の総数が、フィリピン出身者の数をわずかに上回り、現在は順位の逆転が生じている。

（3）例えば、国連による貧困指標として、一日一人当たり一・九ドル以下の所得という基準がある。この指標の下でウノの貧困率を計算すると、その値は六七パーセントとなる。一方、フィリピンでは、調査対象者自身による自己評価をもとに計測された基準値（SRPT: Self-Rated Poverty Threshold）という指標もある。このＳＲＰＴでは、自身を「貧困層である」と回答した世帯から聞き取った「貧困でないために必要な月間所得」の中央値が、貧困ラインとして設定される［Social Weather Station］。二〇一六年の場合、首都圏を除いた地方では、世帯あたり月額一万ペソの収入が、貧困世帯とそれ以外を区分する値として示される。この基準でみたウノの貧困率は、五八パーセントである。

（4）もともと、スペイン植民地時代のミンドロは、交易拠点として利用される港がなかったことなどもあって、人口がまばらな時期が非常に長く続いていた島であった。こうしたフロンティア社会であったという歴史が、現在の社会経済にどう影響しているかというと、例えば、本書の舞台となっているウノ周辺は、フィリピンの他の地方のような大土地所有による農園などがみられず、逆に、零細な自作農家が多く点在しているという特徴を持つ。そうした人々の来歴を尋ねると、一九三〇年代から一九四〇年代の、アメリカ植民地期から独立期にかけて、人口過密地帯であった南部ルソン地方のバタンガス州などから移住してきたというケースが多い。

（5）キリスト教への改宗の有無が、その区分に関わっていることからも明らかなように、こうした区分はスペインによる宣教時代の観点に源流をもつ。それは、その後に続くアメリカ植民地期や独立期に受け継がれ、フィリピンの国民統合政策の文脈の中に、マジョリティとしてのキリスト教徒人口と、それに属さないマイノリティとしてのムスリム、文化的少数者（山地先住民）というカテゴリを生み出した。例えば、スペインに続くアメリカの植民地期には、機関としての「非キリスト教民局（BNCT, Bureau of Non-Christian Tribe）」が構成され、その対象として分類された人々の調査並びに、国民統合策を進めており、また、一九四六年の独立共和国政府が立ち上げた国家統合委員会（CNI, Commission on National Integration）も、その目的として「非キリスト教徒と文化的少数者たち」の国体への統合を掲げている。現在、これらのうちの南部ムスリム地域については、自治政府の成立に向けた努力が長年進められており、山地先住民については、一九九七年に制定された先住民権利法（Indigenous Peoples, Rights Act）の下に、土地や文化の保全に対する権利を保障するという制度方針がとられている。

（6） Lopez は、マンヤンとして呼ばれる人々の言語や文化（例えばその代表例として扱われるアンバハンと呼ばれる詩）に、周辺のビサヤ諸島の文化との間に共通性が見られることなどを根拠に、マンヤンを（ある種の本質主義的に）「ミンドロの先住者」とする見方を否定する。Lopez は、こうした低地民（沿岸交易民＝キリスト教徒移住者人口）／マンヤン（内陸民＝先住者人口）という二項対立的な概念が生じた背景には、周辺諸島からの移住人口を含めたスペイン支配に抵抗する人々が、統治権力の手の届かない聖域、アジール空間としての山林エリアに逃げ込み、さらに、そうした権力への対抗手段のひとつとして、自らをキリスト教徒人口とは異なる存在としてのマンヤンという集合の下に構築していった過程があると論じる［Lopez 1976: 124 など］。

（7） 彼らが逃避する先の空間として、また、生計を維持する手段としての山地のコミュニティが、ある種のセーフティ・ネットとして成立しているが故に、こうした日常的な逃避の選択が可能となっていると考えるのであれば、こうした手段に「マンヤンだから」というイメージが付与されていることも、頷けないわけでない。このような様々な権力などに対抗する手段としての逃走や、集団性形成の忌避という行動に関しては、近年、それを積極的に再評価する動きが見られる［スコット 二〇一三［二〇〇九］など］。

引用文献

〈日本語文献〉

上野加代子
　二〇一一『国境を超えるアジアの家事労働者——女性たちの生活戦略』世界思想社。
清水　展
　二〇一三『草の根グローバリゼーション』京都大学学術出版会。
スコット、ジェームズ
　二〇一三［二〇〇九］『ゾミア——脱国家の世界史』みすず書房。
関　恒樹

二〇一七　『「社会的なもの」の人類学――フィリピンのグローバル化と開発にみるつながりの諸相』明石書店。

長坂　格
二〇〇九　『国境を越えるフィリピン村人の民族誌――トランスナショナリズムの人類学』明石書店。
二〇一三　「フィリピンにおける海外移住の拡大と地方的世界の変容――イロコス地方の農村調査から」『東アジア「地方的世界」の社会学』晃洋書房。

細田尚美
二〇〇七　「フィリピン・サマール島からの向都移動とその社会文化的側面に関する考察」京都大学大学院アジア・アフリカ地域研究研究科提出博士論文。

〈英語文献〉

Gibson, Thomas
2015[1986] *Sacrifice and sharing in the Philippine Highlands: religion and society among the Buid of Mindoro,* Ateneo de Manila Press, Quezon City.

Guevarra, Anna Romina
2010 *Marketing Dreams, Manufacturing Heroes: The Transnational Labor Brokering of Filipino Workers.* Rutgers University Press, New Brunswick.

Helbling,Jürg and Schult,Volker
2004 *Mangyan survival strategies,* New Day Publishers, Quezon City.

Lopez, Violeta B.
1976 *The Mangyans of Mindoro: An Ethnohistory.* University of the Philippine Press, Quezon City.

Pertierra, Raul
1995 *Philippine localities and global perspectives: essays on society and culture.* Ateneo de Manila University Press, Manila.

Population Institute, University of the Philippines
1977 *Population of the Philippines,* (CICRED Seies), Population Institute, University of the Philippines, Manila.

Schult, Volker
1991 *Mindoro: A social history of a Philippine island in the 20th century: a case study of a delayed developmental process,* Divine

World Publications, Manila.

Simkins, Paul D. and Wernstedt, Frederick L.
1971 *Philippine Migration: The Settlement of the Digos-Parada Valley, Davao Province*. Yale University Southeast Asia Studies, New haven, Connecticut.

〈ウェブサイト〉

Commission on Filipino Overseas Static Estimates of Overseas Filipinos
http://www.cfo.gov.ph/downloads/statistics/stock- estimates.html （二〇一八年一月九日閲覧）

法務省　在留外国人統計
http://www.moj.go.jp/housei/toukei/toukei_ichiran_touroku.html （二〇一八年一月九日閲覧）

内閣府　国民経済統計
http://www.esri.cao.go.jp/jp/sna/menu.html （二〇一八年一月九日閲覧）

Social Weather Station
https://www.sws.org.ph/swsmain/artcldisppage/?artcsyscode=ART-20170116110223 （二〇一八年三月二一日閲覧）

The World Bank Personal Remittance (% on GDP), Philippines
https://data.worldbank.org/indicator/BX.TRF.PWKR.DT.GD.ZS?end=2016&locations=PH&start=1977&view=chart
（二〇一八年一月三一日閲覧）

United Nations for Refugees and Migrants
https://refugeesmigrants.un.org/definitions （二〇一八年七月一〇日閲覧）

あとがき

フィリピンにいたころ、「日本はいつオープン・カントリーになるんだ！　帰るときは一緒に連れていけ！」「ナツに子供が生まれたら呼んでよね、私がお世話係になるから！」と、何度も何度も言われた。特に後者は、自分の今後のキャリア（と日本の待機児童問題！）を考えた際、なんとも甘い誘惑として響いたものである。しかし、そんな時はいつも、日本では家事労働者などの受け入れには制限があること、農家や工場での受け入れも、技能実習生制度のような問題をはらんだ制度がベースになっていることなどを（気力の持つ限り、生真面目に）説明した。だがそうすると今度は「日本人よりずっと安くたって、給料は支払われるんでしょう、それはここよりずっと高い。それなのに（移民を）受け入れない日本はずるい」などと度々いわれた。人々のチャンスにかける情熱はよく知っていたこともあり、返答に窮したものである。今でも、移民関連のニュースを聞くたびに、あのコミュニケーションの中で、何と返すのが「正解」だったのか考える日々である。

本書に用いた資料収集にあたっては、松下幸之助国際スカラシップの留学助成ならびに、日本学術振興会（特別研究員）の支援を、また本ブックレットの刊行に際しては、松下幸之助記念財団の支援を受けた。ここに記して謝意を申し上げる。

また、本書の構想から執筆に至るまでには、本当にたくさんの方からお力添えをいただいた。指導教官の清水展先生と速水洋子先生はもちろん、細田尚美先生、フィリピン研究方面の諸先輩方や研究室の皆々様。また、フィリピン滞在中に受け入れ先となってくださったフィリピン大学第三世界研究所のリカルド・ホセ先生、スタッフの皆様。そして何より、ある日ふらりと現れて、そのまま居ついてしまったような私をあたたかく受け入れてくださったミンドロの皆さんには、どんな感謝の言葉をつづっても足りない。これからも時々、突然ふらりと帰ってくる私を、どうかずっと受け入れてほしい。

論文ではない文章の執筆という、はじめての貴重でハードな経験をサポートして下さった実行委員の先生方と同期執筆者の皆さん、風響社の皆さまにも感謝申し上げつつ、最後に、日々落ち込むことしか能のないダメな私を支えてくれた、友人たちと家族にも、心からありがとうの言葉を伝えたい。

著者紹介
白石奈津子（しらいし　なつこ）
1988 年、佐賀県武雄市生まれ。
京都大学大学院　アジア・アフリカ地域研究研究科　博士後期課程を指導認定退学。同大学、修士（農学）。
現在、京都大学東南アジア地域研究研究所連携研究員。
主な著作に、"Reverse of Good Practice in Forest Preservation: Household Economy of Alangan-Mangyan and Community-Based Forest Management Program in the Philippines "(*Geographical review of Japan* series B. 2014)。

出稼ぎ国家フィリピンと残された家族　不在がもたらす民族の共在

2018 年 10 月 15 日　印刷
2018 年 10 月 25 日　発行

著　者　白石 奈津子

発行者　石 井　　雅
発行所　株式会社　風響社

東京都北区田端 4-14-9（〒 114-0014）
Tel 03（3828）9249　振替 00110-0-553554
印刷　モリモト印刷

ISBN987-4-89489-405-1　C0039